PANÉGYRIQUE

DU

BIENHEUREUX GUERRIC

Prononcé à l'Abbaye de Notre-Dame d'Igny

LE 19 AOUT 1890

Par Mgr PIERRE-LOUIS PÉCHENARD

PROTONOTAIRE APOSTOLIQUE

VICAIRE GÉNÉRAL DE REIMS

REIMS

IMPRIMERIE DE L'ARCHEVÊCHÉ (N. MONCE, Dir.)

24, rue Pluche, 24

M DCCC XC

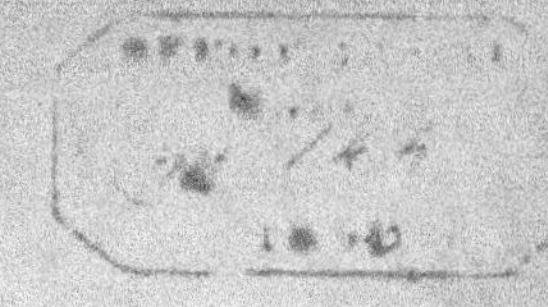

PANÉGYRIQUE

DU

BIENHEUREUX GUERRIC

Prononcé à l'Abbaye de Notre-Dame d'Igny

LE 19 AOÛT 1890

Par Mgr PIERRE-LOUIS PÉCHENARD

PROTONOTAIRE APOSTOLIQUE
VICAIRE GÉNÉRAL DE REIMS

REIMS

IMPRIMERIE DE L'ARCHEVÊCHÉ (N. MONCE, Dir.)

24, rue Pluche, 24

M DCCC XC

PANÉGYRIQUE

DU

BIENHEUREUX GUERRIC

L'abbaye cistercienne de Notre-Dame d'Igny
fut fondée en 1127, par Renauld de Martigny, archevêque de Reims, comme un monument de sa
reconnaissance envers saint Bernard, qui avait ré-
tabli la paix entre lui et son peuple.

Renauld de Martigny et son neveu, Sanson de
Mauvoisin, son successeur sur le siège de Reims,
tous deux amis de saint Bernard, témoignèrent à
la nouvelle abbaye une très grande affection, la do-
tèrent généreusement et voulurent y être enterrés
après leur mort.

Le premier abbé d'Igny fut le B. Humbert, resté
célèbre par l'éloge funèbre que saint Bernard en a
fait. Le second abbé fut le B. Guerric, qui gou-
verna le monastère de 1138 à 1157. L'éclat de ses
vertus le fit mettre au rang des Bienheureux par
la voix populaire. Tous les ménologes et toutes

les histoires de l'Ordre lui donnent cette qualifica-
tion. Sa fête est placée au 19 août, jour anniver-
saire de sa mort. Ses reliques, conservées religieu-
sement à Igny, furent respectées pendant la Révo-
tion. Lors de la résurrection du monastère, en
1876, la reconnaissance et l'élévation en furent
faites avec la plus grande solennité. Depuis lors,
elles reposent sous l'autel principal de l'église. En
1889, Notre Saint Père le Pape Léon XIII, en ré-
ponse aux suppliques qui lui avaient été adressées,
permit à l'abbaye d'Igny et au diocèse de Reims
d'honorer le Bienheureux d'un culte public. L'inau-
guration de ce culte avait lieu au monastère le
19 août dernier, en présence du Cardinal Langénieux, Archevêque de Reims, restaurateur de l'abbaye. A l'office des Vêpres, l'un de ses Vicaires
généraux, Mgr Péchenard, Protonotaire apostolique,
prononça le panégyrique du Bienheureux en ces
termes :

*Beatus vir (qui) ascensiones in corde suo
disposuit, in valle lacrymarum, in loco quem
posuit.*

« Heureux l'homme qui, du fond de cette
« vallée de larmes, du lieu où il a posé le
« pied, sait monter vers Dieu par des
« ascensions progressives. »

(Ps. 83, 6.)

ÉMINENCE [1],
VÉNÉRÉS PÈRES [2],
MES CHERS FRÈRES,

Si les siècles qui portent dans l'histoire le titre de
grands le doivent surtout aux triomphes de l'esprit sur
la matière, le xiie siècle mériterait assurément d'être de
ce nombre. Après sa victoire sur le monde romain,
l'Église avait assoupli, à force de luttes, les peuples bar-
bares qui avaient envahi l'Empire ; et, désormais maî-
tresse, elle commençait à se révéler dans toute sa grandeur, sa beauté et sa fécondité. Comme on voit au
printemps la nature, longtemps engourdie sous les fri-
mas, secouer son froid linceul et prodiguer partout une
luxuriante végétation, ainsi la vie de l'Église, jusque-là
comprimée, s'épanouit avec une merveilleuse richesse
sur la surface de l'Europe et en particulier dans notre

[1] Son Éminence le Cardinal LANGÉNIEUX, Archevêque de Reims.
[2] Le R. P. Dom AUGUSTIN, Abbé de Notre-Dame d'Igny ; le R. P.
Dom ÉTIENNE, Abbé de la Grande-Trappe.

noble patrie, et y produit les fleurs de la plus admirable civilisation que le monde ait connue.

La langue nationale se dégage de ses langes ; les lettres renaissent ; la poésie jette dans de puissantes coulées des œuvres aussi pleines d'originalité que de sève ; la philosophie prend son essor ; la théologie, succédant à l'exposition des Pères, apporte aux connaissances humaines le plus superbe couronnement ; les arts couvrent le sol de monuments qui confondent notre imagination ; le droit chrétien enfante des législations toutes pétries de justice et de charité ; l'union fleurit entre les deux pouvoirs souverains, le spirituel et le temporel, qui se fortifient l'un par l'autre ; la liberté, fille de la vérité, appelle les petits et les faibles aux bienfaits de la vie communale ; la chevalerie porte à son plus haut période le sentiment de l'honneur, et la chrétienté, devenue consciente de sa force, reprend l'offensive contre l'Islamisme menaçant.

Et pourtant, dans ce merveilleux réveil de l'esprit humain, le trait le plus caractéristique est peut-être encore l'épanouissement de la vie religieuse et cénobitique. Sentez-vous, MES CHERS FRÈRES, ce souffle divin et puissant qui pousse au désert des multitudes d'âmes affamées de sainteté ? Les voyez-vous, hommes et femmes, prêtres et laïques, évêques et capitaines, manants et grands seigneurs, s'enfermant à l'envi dans le cloître ? Ils sont heureux d'échapper à la servitude des honneurs et des richesses, empressés de se soumettre aux rigueurs de la pauvreté et de la pénitence, et surtout avides de s'adonner à la contemplation des choses divines.

« Ah ! qu'elle était belle en ce temps-là, s'écrie un chroniqueur[1], qu'elle était ravissante la face de l'Église avec sa parure si variée d'Ordres religieux ! » — Tandis, en effet, que les Ordres militaires font la guerre à l'infidèle au delà des Pyrénées, et que les Ordres hospitaliers soutiennent les Croisés en Orient, l'Europe voit surgir partout de nouveaux fondateurs : ici saint Bruno à la Chartreuse, là le Bienheureux Robert d'Arbrissel à Fontevrault, ailleurs saint Norbert à Prémontré ; puis apparaissent l'Ordre des Pontifes, celui des Carmes et celui des Trinitaires voué au rachat des captifs. Enfin voici venir Cîteaux ! — Cîteaux ! qui exerce sur les foules une véritable fascination. Son nom seul, s'écrie le chroniqueur, est un charme irrésistible qui suffit pour les entraîner : *Solo nominis nectare invitantur*[2].

Dans cette brillante floraison de la vie monastique, le diocèse de Reims, MES CHERS FRÈRES, avait sa large part. Car sans parler des autres Ordres, Cîteaux lui donnait les célèbres abbayes de Chéhéry et d'Élan, et surtout ce sanctuaire de Notre-Dame d'Igny qui allait devenir la tige de ceux de Signy, de la Valroy et de Bonnefontaine.

C'était déjà l'un de vos prédécesseurs, ÉMINENCE, le pieux Renauld de Martigny, l'ami de cœur de saint Bernard, qui fondait cette abbaye en 1127, « pour être un éternel monument de la gratitude commune et le lien de la paix rétablie par le Saint entre lui et son peuple[3] »,

[1] Robertus de Monte, apud D. MARLOT. — *Metrop. Remensis Histor.*, t. II, p. 309.

[2] Ordéric VITAL, *Hist. Ecclesiast.*, t. VIII, p. 445-46.

[3] *Hist. générale de l'Ordre de Cîteaux*, ms. Archev. Reims, t. Iᵉʳ, p. 327.

et qui la choisissait pour le lieu de son repos. C'était encore un autre archevêque de Reims, Sanson de Mauvoisin, le neveu de Renauld, prélat tout consommé en sainteté, qui la comblait de ses largesses, y venait finir sa carrière sous l'habit de la pauvreté et lui léguait aussi sa dépouille mortelle. Et c'est à votre zèle, ÉMINENCE, aussi infatigable qu'éclairé, que cette Abbaye, si riche de souvenirs, a dû le bonheur de sortir de ses ruines. Aussi, parmi les fleurons de votre couronne pastorale, brillera d'un vif éclat cette pieuse sollicitude avec laquelle vous avez cultivé le champ de la vie religieuse, soit en faisant revivre ce beau rejeton de l'arbre cistercien, qui renoue à un passé embaumé de sainteté un avenir plein d'espérance, soit en jetant aux pieds du monument du Pape des Croisades la semence d'une société destinée à répondre à de nouveaux besoins des âmes, et qui a su déjà, pour modeste qu'elle est encore, se gagner les sympathies des fidèles et du clergé.

Entrons maintenant, MES CHERS FRÈRES, par la pensée dans ce pieux monastère d'Igny, si célèbre, dès l'origine, par la vertu de ses religieux et surtout de ses abbés[1]. Nous y verrons s'épanouir au milieu du XIIe siècle cette admirable fleur de sainteté monastique, le Bienheureux Guerric, dont la glorieuse mémoire nous réunit aujourd'hui. En vous autorisant, CHERS ET VÉNÉRÉS PÈRES, à lui

[1] *Non ulla domus sanctiores abbates habuit; non ulla sancto Patri Bernardo fuit dilectior.* (MANRIQUE, *Annales cisterc.*)

rendre les honneurs des autels, l'Église veut sans doute
exciter votre ardeur dans le travail de votre sanctification, et vous inviter à contempler assidûment un si beau
modèle.

J'essaierai donc, dans cette solennité inaugurale, pour
répondre à l'invitation de l'aimable et si digne Successeur
du bienheureux Guerric, de faire revivre sous vos yeux
les traits les plus saillants de cette pure et douce figure.
Je m'inspirerai, pour le peindre, des paroles qu'il adressait
lui-même à ses frères : « Il y a dans les cœurs, leur
disait-il, une ascension manifeste ; il y a dans les mérites
un progrès successif qui conduit l'homme par degrés au
sommet de la perfection évangélique, jusqu'à ce qu'il
arrive en face de Dieu dans la céleste Sion [1]. »

Cette ascension progressive de l'âme vers Dieu, dont il
donna lui-même le parfait modèle, je croirai vous l'avoir
rendue sensible, MES CHERS FRÈRES, quand je vous aurai
montré notre Bienheureux se livrant tout d'abord avec
ardeur à la poursuite de la vérité, puis s'abaissant dans
les profondeurs de l'humilité, et enfin couronnant sa vie
par une invincible patience dans les souffrances.

Toutefois, je manquerais à un impérieux besoin de
ma conscience, non moins qu'à la plus élémentaire vérité,
si je ne commençais par me confondre moi-même dans
le sentiment de mon insuffisance, et si je ne vous deman-

---

[1] *Est enim manifeste quidam ascensus cordium et profectus me-
ritorum iste per ordinem digestus... gradatim de imis ad summa
perducens virum evangelicæ perfectioni, donec ad videndum Deum
deorum in Sion ingrediatur templum. (Sermo de Solemnitate Sancto-
rum.)*

dais tout d'abord pardon, Vénérés Frères, de paraître vouloir vous enseigner quand je dois ici tout apprendre de vous.

I

Humbert, le premier abbé d'Igny, venait de se retirer à Clairvaux. L'humilité le pressait d'aller replacer sa noble tête sous le joug suave de l'obéissance. Vous devinerez, Mes chers Frères, quelle perte faisait l'Abbaye, quand je vous aurai dit que saint Bernard, son ami, l'avait en si haute estime qu'il l'avait choisi pour son propre modèle, qu'il avouait à ses intimes « qu'Humbert l'accablait sous le poids de son autorité » et que, lorsqu'il l'eût vu expirer entre ses bras, il voulut célébrer lui-même ses vertus et en immortalisa le souvenir par le plus tendre et le plus émouvant des éloges funèbres. « Vous m'avez privé, ô mon Dieu, s'écriait-il dans sa douleur, vous m'avez privé d'un homme selon mon cœur et d'un autre moi-même ! »

Aussi, comment dire la tristesse des religieux d'Igny au départ d'un si bon père ? Comment dire leurs craintes pour l'avenir ? Où trouver, en effet, un moine aussi pénétré de la sainteté de son état, aussi mort au monde, aussi uni à Dieu, aussi parfaitement égal à lui-même ? Où trouver un frère aussi compatissant, un guide aussi éclairé, un père aussi capable de les conduire dans les voies divines ?

La Providence y avait pourvu. Elle tenait en réserve à

Clairvaux, dans cette pépinière inépuisable de saints, un autre ami de Bernard. Cet ami se nommait Guerric. Depuis longtemps il vivait sous sa conduite ; il s'était formé à son école, et il était mûr pour le gouvernement. Sur un signe de Bernard, les religieux d'Igny le choisissent pour le mettre à leur tête. « C'était, dit l'annaliste de l'Ordre [1], un saint qui succédait à un saint ; mais il avait de plus l'auréole du docteur. » C'est, en effet, sous ce premier caractère d'ami de la vérité, de savant et de docteur, que Guerric se révèle à notre attention.

L'Esprit Saint, qui souffle où il veut, avait commencé par projeter dans l'âme de Guerric, dès sa première enfance, un rayon de sa lumière et l'avait attiré vers Dieu en lui infusant un ardent amour de la vérité.

La vérité n'est-elle pas, en effet, l'un des aspects de Dieu et l'une des formes sous lesquelles il se manifeste à l'âme humaine ? Dans l'ordre naturel des choses, la connaissance du vrai ne précède-t-elle pas la pratique du bien ? N'est-ce pas le rôle de l'intelligence d'éclairer et celui de la volonté de suivre ?

Docile à cet attrait divin, Guerric s'était donc tout d'abord livré à la poursuite de la vérité, gravissant ainsi le premier degré de son ascension vers Dieu.

La Flandre, qui l'avait vu naître sur la fin du XIe siècle [2], fut aussi le théâtre de ses premiers labeurs. La ville de Tournai possédait alors un docteur de grand savoir, Odon d'Orléans, qui s'était fait un nom dans les belles-lettres,

[1] MANRIQUE, *Annales cistercienses.*
[2] Guerric naquit probablement à Tournai, entre 1070 et 1080.

la dialectique et la théologie. Il dirigeait avec éclat l'École épiscopale, et, par la position qu'il avait prise dans les questions qui s'agitaient alors, il attirait autour de sa chaire des flots pressés d'auditeurs. Le jeune Guerric alla s'asseoir à ses pieds au milieu de la foule, et but avec avidité les enseignements qui découlaient de ses lèvres.

Le champ de la science, à cette lointaine époque, était sans doute fort circonscrit, et les esprits d'élite pouvaient aspirer sans présomption à embrasser l'universalité des connaissances humaines. Prise dans son ensemble et dans la manière dont elle était cultivée, toute la science se ramenait exclusivement à la religion et à Dieu. Le *trivium* et le *quadrivium* composaient une échelle dont chaque degré acheminait l'esprit vers la science suprême, c'est à dire la théologie, ou la science de Dieu révélé. Toutefois, à côté du champ connu et communément exploré, s'ouvraient des horizons infinis où les esprits curieux et avides pouvaient s'élancer à la recherche de l'inconnu, et pénétrer tous les jours plus avant.

Déjà, en effet, le xiᵉ siècle avait tout vu renaître. Du désordre confus des invasions s'était dégagé, sous l'influence de l'Église, ce mouvement vital qui arrivait enfin, après bien des alternatives, à organiser définitivement la société, et qui se trahissait surtout dans l'essor de l'esprit humain.

Bientôt, avec le xiiᵉ siècle, le *trivium* et le *quadrivium* sont peu à peu dépassés; les lettres progressent, les sciences pratiques s'essaient timidement dans la voie de l'expérimentation, le droit et la médecine attirent le

grand nombre par leur côté utilitaire, et l'esprit philoso-
phique commence à soulever des luttes passionnées.
Tandis que les Roscelin, les Abailard, les Gilbert de la
Porrée, les Guillaume de Champeaux, sont animés du
souffle d'une dangereuse indépendance, d'autres noms,
non moins illustres et plus saints, les Anselme, les Bernard, les Pierre Lombard, les Pierre le Vénérable, repré-
sentent la philosophie chrétienne s'appuyant sur la foi et
perpétuant les enseignements de la tradition. Toutefois,
au milieu de cette agitation, le sceptre reste toujours à la
théologie, qui domine toutes les connaissances par la
sublimité de son objet.

Au commencement de ce siècle, les maîtres sont encore isolés, et les écoles libres qu'ils tiennent sont plus
ou moins florissantes, suivant l'éclat de leur renommée
personnelle. Encore un effort, et ce vaste mouvement
d'études aboutira à la formation de ces grandes Univer-
sités qui resteront l'éternel honneur du Moyen Age.

Sous la conduite du célèbre Odon, qui faisait grande
figure dans les tournois philosophiques, Guerric s'ap-
pliqua donc avec ardeur à l'étude de toutes les sciences
connues de son temps, et capables de donner à son esprit tout à la fois la solidité et l'élégance. Il ne resta point
étranger à la culture des belles-lettres, et, dans le commerce quotidien de Térence, de Virgile et d'Horace, de
Suétone et même de Sénèque, il apprit l'art de s'expri-
mer avec cette élégance, cette sobriété, cette sage dis-
crétion qui n'est autre que le bon goût, et qui forme un
des caractères saillants de ses écrits.

Devenu chanoine, il attire sur lui, par son savoir, l'attention du public, et bientôt il est préposé lui-même, à titre d'écolâtre, à la direction de l'École épiscopale de Tournai. Charge glorieuse, qui supposait dans celui qui en était investi autant de vertu que de talent. L'écolâtre, en effet, Mes chers Frères, avait mission de diriger l'École épiscopale et de surveiller celles qui en dépendaient : il conférait le droit d'enseigner et enseignait lui-même les sciences les plus élevées, surtout la sainte théologie ; il formait en outre les jeunes gens à la vertu par des exhortations régulières.

Si rien ne nous révèle que Guerric prit dans les luttes philosophiques une part aussi active que son maître Odon, il sut du moins conserver à son école tout l'éclat des jours passés, et ses contemporains, capables de le bien juger, se plurent à célébrer l'étendue et la sûreté de son savoir[1].

Mais voici que, parvenu au sommet des connaissances de son temps, cet homme, qui s'entendait appeler maître, dont les oreilles étaient flattées par le doux murmure de l'opinion, et dont le cœur ressentait peut-être ce dangereux chatouillement d'une grande renommée, cet homme est soudain entraîné par l'Esprit de Dieu sur les cimes élevées d'une science qu'il avait à peine soupçonnée.

« La science, dit le grave Bossuet, est sans doute un présent du Ciel, et elle apporte au monde de grands avantages. Elle est la lumière de l'entendement, le guide de la volonté, la nourrice de la vertu, l'âme de la vérité,

---

[1] *Vie de Hugues de Marchiennes.*

la compagne de la sagesse, la mère des bons conseils, en un mot, l'arbitre de la vie humaine..... — Mais, comme il est naturel à l'homme, ajoute-t-il, de corrompre les meilleures choses, cette science se gâte souvent en nos mains par l'usage que nous en faisons. C'est elle qui s'est élevée contre la science de Dieu, c'est elle qui, promettant de nous éclaircir, nous aveugle plutôt par l'orgueil, c'est elle qui nous fait adorer nos propres pensées sous le nom auguste de la vérité, et qui, sous prétexte de nourrir l'esprit, étouffe les bonnes affections, et enfin, qui fait succéder à la recherche du bien véritable une curiosité vague et infinie, source inépuisable d'erreurs et d'égarements très pernicieux[1]. »

Guerric, Mes chers Frères, fut préservé de ce dangereux écueil. Le Maître qui lui parlait au dedans l'appelait à une science plus haute, plus sérieuse, plus intime, je veux dire la science de Jésus-Christ, dans laquelle surtout il devait exceller.

La science de Jésus-Christ ! Quelques-uns d'entre vous, Mes chers Frères, ne seraient-ils pas surpris ? ne seraient-ils pas tentés de dire que cette science est peu de chose, et qu'elle n'a pas sa place marquée dans l'échelle des connaissances ?

Aveugles, vous dirais-je à mon tour, la connaissance parfaite de Jésus-Christ est la science qui domine toutes les autres, qui supplée à tout, et sans laquelle toutes les connaissances humaines sont vaines, stériles et découronnées.

[1] Bossuet, *Panégyrique de sainte Catherine.*

Un homme s'est rencontré, qui, parcourant la Grèce policée et paraissant devant les académies et les aréopages où l'esprit humain raffinait sur tout, a osé proclamer avec une sainte audace qu'il ne connaissait qu'une science, celle de Jésus crucifié, et que ce Christ, scandale pour les Juifs, folie pour les Gentils, était la vertu et la sagesse même de Dieu. Qu'est-ce, en effet, que ce Christ, sinon la sagesse éternelle, la raison divine, l'image substantielle et adéquate du Père, l'archétype de tous les êtres créés, Celui par qui tout a été fait et en qui tout doit être restauré? Or, ce Christ, principe et sommet de toute science, où s'enseigne-t-il! — Nulle part, sinon dans les Écritures!

Vous le comprîtes, ô bienheureux Guerric, à la lumière que Dieu fit briller dans votre âme. Aussi je vous vois, à partir de ce temps, dédaigner les écrits curieux des savants, les orateurs enflés de leur vaine éloquence, les raisonnements chancelants des philosophes, persuadé que tous ces esprits humains n'entrent point dans le sanctuaire de la vérité, qu'ils s'arrêtent au vestibule, suivant la belle expression de Tertullien : *Veritatis fores pulsant* [1], et qu'ils ne vous donneront pas Celui que vous cherchez. Je vous vois vous adonner avec une ardeur toujours croissante à l'étude des Saintes Écritures.

Guerric, en effet, scrute les Écritures et le jour et la nuit. Il les scrute, par un principe de foi, pour y découvrir le Sauveur Jésus, c'est à dire la lumière incréée qui illumine tout homme venant en ce monde; il les

[1] Tertull., *De Testimonio animæ.*

scrute pour éclairer son esprit et échauffer les affections de son cœur ; il les scrute enfin pour refléter ensuite, comme un miroir fidèle, l'image de ce Sauveur et allumer son amour dans tous les cœurs. Car il a appris du grand Apôtre que la lumière qui est en nous ne vient pas de nous, mais de Dieu : *Ipse illuxit in cordibus nostris*, et que nous n'en devons pas jouir en égoïstes, mais la faire rayonner sur tous ceux qui nous entourent : *Ad illuminationem scientiæ claritatis Dei in facie Christi Jesu*[1]. Aussi s'applique-t-il à mettre ses talents à profit pour éclairer tous ceux qui viennent lui demander lumière et conseil ; et, s'il lui reste quelques loisirs, il les consacre à écrire de nombreux et savants commentaires sur nos Saints Livres.

Dans ce commerce assidu avec l'Esprit Saint, dans cette méditation amoureuse de la parole divine, Guerric reçut de Dieu tant de lumière et de pénétration que sa réputation de docteur ne cessa de s'accroître. Saint Bernard, cet esprit si sublime et si délicat, avait conçu de sa science une si haute estime, qu'il n'hésita pas, dans la suite, à le prendre pour censeur, et à lui donner communication de ses travaux à mesure qu'ils sortaient de sa plume. Enfin, il devint un maître si consommé dans la vie spirituelle que ses contemporains le proclameront plus tard l'une des plus grandes lumières de l'Ordre cistercien[2].

[1] II *Cor.*, IV, 6.
[2] On lui attribue un traité de *Langore animæ*, des *Observations* sur les psaumes, et des *Commentaires* sur saint Mathieu, sur les Épîtres de saint Paul et sur les Épîtres canoniques.

Voilà, MES CHERS FRÈRES, comment on apprend et comment on enseigne quand l'esprit et le cœur n'ont que Dieu en vue. Et nous, qui sommes tous plus ou moins épris du désir de savoir, avons-nous cette pureté de vue, cette méthode et cette science des Saints? Ne nous arrêtons-nous pas à de vaines et frivoles apparences au lieu d'aller droit à la source de toute vérité? Quand nous feuilletons les livres, est-ce, comme saint Augustin, pour y chercher Dieu? Ne serions-nous pas de ceux, dont parle saint Bernard, qui veulent savoir simplement pour savoir: *Scire volunt ut sciant?* ou de ceux qui veulent savoir pour se faire connaître eux-mêmes: *Scire volunt ut sciantur ipsi?* Ce qui serait devant Dieu une insupportable vanité! Ah! sachons, MES CHERS FRÈRES, élever plus haut nos esprits et nos cœurs, et, à l'exemple de notre Bienheureux, en allumant dans nos âmes le flambeau de la science, n'ayons d'autre vue que de nous approcher de Dieu, et ne cherchons à mieux savoir qu'afin de mieux agir!

II

A mesure que Guerric s'est élevé vers Dieu par l'étude et la science, il a senti dans son âme un besoin plus pressant de cet Être infini, suivant ce qui est écrit: « Ceux qui me mangent auront encore faim et ceux qui me boivent auront encore soif [1]. » Il veut donc s'en ap-

---

[1] *Qui edunt me adhuc esurient, et qui bibunt me adhuc sitient.* (Ecclés., 24, 29.)

procher plus près encore ; mais cette fois ce sera moins par l'esprit que par le cœur. Or, comment pourra-t-il trouver Dieu et le goûter à loisir ? Il lui semble qu'il n'y a pas de voie plus sûre que la vie humble et cachée, et que l'humilité a besoin de retraite et de solitude. L'humilité, la vie cachée dans la retraite, tel sera donc le second degré de son ascension vers Dieu.

Jusque-là, Dieu lui avait prodigué la lumière. Guerric connaissait, autant qu'homme du monde, les sciences profanes de son temps ; il était entré plus avant que beaucoup d'autres dans la science sacrée ; il avait étudié dans son ensemble tout le plan divin, il savait ce que c'est que Dieu et la créature, quelles sont les avances de l'un et les devoirs de l'autre. Maintenant, Dieu lui fait sentir que la science doit être non pas une pure spéculation, mais un flambeau pour nous guider dans l'action, et que la foi elle-même serait vaine et morte si elle n'était couronnée par la perfection de la vie. Aussi, docile à cette voix intérieure, veut-il faire un pas décisif en avant. Non, il ne lui suffira plus désormais de contempler la vérité, il s'attachera surtout à la suivre et à la réduire en pratique dans sa propre vie. Car le Maître divin qui a dit : « Je suis la vérité », n'a-t-il pas dit aussi : « Je suis la voie » ? et n'a-t-il pas pris soin de nous avertir que la vérité éclaire non pas ceux qui se bornent à la regarder, mais ceux qui ont le courage de la suivre : *Qui sequitur me, non ambulat in tenebris*[1] ?

Guerric aspire à monter ; or, le Maître qui l'enseigne

[1] *Joann.*, 8, 12.

au dedans lui dit que le moyen assuré de s'élever devant Dieu est de s'abaisser devant les hommes [1]. Guerric aspire à vivre d'une vie céleste ; or, le même Maître lui dit qu'avant d'y parvenir, il faut d'abord mourir à soi-même et cacher sa vie en Dieu avec Jésus-Christ [2]. C'en est donc fait. Il entre résolument dans cette voie du renoncement, du détachement, de la mort à soi-même et de la vie cachée.

Témoin du relâchement qui s'introduisait dans le Chapitre, Guerric se préserve soigneusement de ses atteintes. La vie extérieure lui devient peu à peu à charge, et, sans quitter encore le monde, il s'enferme dans la retraite, n'admet plus dans son intimité qu'un petit nombre d'amis choisis, et partage tout son temps entre l'étude et la prière.

Un jour, attiré par la réputation de saint Bernard, il se rend à Clairvaux. Que se passait-il alors dans son esprit ? Dieu seul le sait. Peut-être n'avait-il encore d'autre vue que de connaître un si rare personnage et de s'édifier de ses vertus. Mais Dieu en avait autrement disposé. Quand il eut entendu le saint célébrer les avantages de la vie cénobitique, il ne put résister à la persuasion qui coulait de ses lèvres, et résolut d'abandonner le siècle et de se faire oublier dans la solitude du cloître.

Y avez-vous pensé, ô Guerric ? Il vous faudra donc dire adieu à cette foule de disciples qui entourent votre chaire et vous soutiennent de leurs applaudissements ? Il vous

[1] *Qui se humiliat, exaltabitur.* (MATTH., 23, 12.)
[2] *Mortui estis et vita vestra est abscondita cum Christo in Deo.* (COLOSS. I, 2, 3.)

faudra abdiquer et votre dignité de chanoine et votre titre de maître? Il vous faudra rompre avec ces études qui ont fait jusqu'ici vos délices et assis votre réputation, pour vous livrer à la grossière culture de la terre? — Guerric est résolu à tous les sacrifices. Il a trouvé la perle précieuse et rien ne lui coûtera pour l'acquérir.

Le monde était alors couvert de monastères fameux que leur prospérité mettait en grande réputation. Ce n'est point à leur porte qu'il ira frapper. A l'exemple de saint Bernard, il court s'enfermer à Clairvaux, dans l'espoir d'y trouver, avec les rigueurs de la pénitence et la sainteté de la vie, l'obscurité et l'oubli qu'il recherche.

La règle de saint Benoît, MES CHERS FRÈRES, considère l'humilité comme la vertu fondamentale d'un religieux, et il n'en est point qu'elle inculque plus fortement. C'est à ce but que tendent toutes ses prescriptions : travail manuel, silence, mortification, correction, n'en sont que les degrés successifs. — « Que doit-on, en effet, le plus estimer en un religieux, dit à son tour l'illustre saint Ignace ? Est-ce la profondeur de la science ou les talents pour la prédication, ou tous les autres avantages naturels et humains ? Non, non ; c'est l'humilité, l'obéissance et l'esprit de recueillement [1]. »

Aussi, MES CHERS FRÈRES, suivez Guerric à Clairvaux, et vous le verrez s'enfoncer dans la voie de l'humilité. Non seulement il y marche, mais il y court ; il n'aspire qu'à se faire oublier et à n'être plus rien. Son unique souci est de reproduire fidèlement en sa personne l'image

[1] Constitutions.

de Jésus humilié. Il regarde comme rien les sacrifices qu'il s'est imposés pour l'amour de Dieu ; il oublie et ses travaux passés, et ses pénitences et les services rendus à ses frères, et il se confond dans le sentiment de son néant personnel. Il approfondit chaque jour davantage les abaissements du Fils de Dieu, et, à mesure qu'il découvre plus clairement dans ses exemples la condamnation de toutes les pompes et vanités mondaines, il renverse tout l'ordre de ses jugements et de sa conduite, il réprouve le désordre précédent de ses pensées, il dédaigne ce qu'il avait cru digne d'estime, il court après ce qui lui avait semblé vil et méprisable, et, à la vue d'un Dieu qui s'est anéanti pour lui, il ne rêve plus qu'abaissements et humiliations. — « Il court, écrit de lui saint Bernard, il lutte comme un vaillant champion ; mais parce qu'il sait que c'est de Dieu et non de lui-même que lui viendra la force nécessaire pour vaincre, il implore humblement le secours de vos prières[1]. »

Or, voici qu'au moment où il ne songe qu'à se cacher, il est élu abbé du monastère d'Igny. Dire sa peine et ses angoisses ? Il se jette aux pieds de saint Bernard et le conjure d'épargner sa faiblesse. Ce n'est qu'après bien des larmes et bien des supplications qu'il se résigne enfin, et se rend à son poste par un sentiment d'obéissance. Mais son humilité se dédommage en se confondant devant ses frères : « Malgré mes supplications, leur dit-il, vous m'avez, hélas ! établi votre chef. Puisque je n'ai pu échapper au péril, puissé-je du moins mettre à profit

---

[1] *Opera S. Bernardi. Epis.* 89. (MABILLON.)

le conseil du sage : « *S'ils t'ont mis à leur tête, sois partout comme l'un d'entre eux !* » Et c'est en effet ce qu'il
s'attache à réaliser. Parfait disciple sous le joug de l'obéissance, il fut parfait supérieur dès qu'il eut à commander.
Autant l'abnégation de sa volonté avait facilité le commandement à ses maîtres, autant sa modération dans
l'exercice de l'autorité allégea l'obéissance chez ses infé-
rieurs. Charitable et discret dans son régime, d'une
mansuétude inaltérable, il se proportionnait à tous les
esprits pour les gagner tous à Dieu.

Obligé de commander malgré lui et de marcher au
premier rang, il était sans cesse à la recherche des
moyens de s'abaisser, et il en trouvait l'occasion où
d'autres eussent trouvé un sujet d'orgueil.

Il voit son amitié recherchée par le saint prélat Sanson,
qui occupait alors le siège de Reims. Il accepte pour sa
maison l'honneur qui lui est fait ; il reçoit avec reconnaissance les libéralités de cet insigne bienfaiteur, et surtout
le don si précieux de sa riche bibliothèque[1] ; mais pour
lui-même il n'y trouve qu'un motif de plus de s'abaisser
et de se confondre, ne pouvant rien découvrir en sa personne qui lui mérite l'affection d'un tel personnage.

Ses frères, qui ont entendu vanter sa profonde connaissance des Écritures, le prient de devenir leur maître et
de les initier à cette précieuse science. Volontiers, Guerric
condescend à leurs désirs : il les y conduit pas à pas, il

---

[1] Sanson ajouta beaucoup aux propriétés de l'abbaye, comme
l'attestent plus de vingt chartes, et lui fit don de plus de deux cents
manuscrits.

leur en découvre les sens les plus cachés et les plus profonds, et il les enflamme, pour l'étude de nos Saints Livres, d'une ardeur qui excite bientôt sa propre admiration. Mais ne croyez pas qu'il leur permette d'y chercher la satisfaction d'une vaine curiosité. Il tourne sans cesse leurs regards vers Jésus-Christ, afin que le connaissant mieux, ils puissent l'imiter de plus près dans ses abaissements : « Scrutez, mes Frères, scrutez les Écritures; vous y trouverez sûrement la vie, pourvu que le seul objet de vos recherches soit Jésus-Christ, auquel elles rendent témoignage. Car il les faut scruter non seulement pour en dégager les mystères, mais surtout pour en sucer le sens moral. »

La grande préoccupation de son âme étant de former Jésus-Christ dans le cœur de ses religieux, il multiplie dans cette vue les exhortations et les discours. Son esprit était tellement pénétré des Saintes Écritures, sa mémoire en était tellement ornée, qu'à l'exemple de saint Bernard, son maître, il en emprunte partout les idées, les expressions et les images, qu'il en fait le vêtement et comme le moule de sa pensée, et que ses paroles sont une perpétuelle réminiscence du texte sacré. Élégance et bon goût, tendresse de cœur et élans de charité, fraîcheur d'images et suavité d'expressions, tout dans ses discours rappelle ceux de saint Bernard, avec lesquels on les a souvent confondus. Mais à côté des grâces littéraires dont il se souciait peu, on y retrouve surtout ce cachet de profonde humilité dont le sentiment ne l'abandonnait jamais.

Souvent il s'arrête au milieu de ses considérations

pieuses, et, se repliant soudain sur lui-même, il se confond devant ses frères et s'accuse comme le dernier des hommes et le plus grand des pêcheurs : « Oh ! ces vertus monastiques, s'écrie-t-il un jour, ces vertus qu'indique l'habit que je porte, oserai-je l'avouer, il n'y en a pas en moi, et la chose saute à tous les yeux. Sans doute, j'en sais le nom ; mais je n'en possède pas la réalité. Quelle honte pour moi, quel sujet de crainte d'usurper ainsi le nom et les honneurs d'une profession sans en avoir les qualités ! N'est-ce pas un double crime de simuler ainsi la sainteté [1] ! »

Les humiliations du Verbe fait chair l'attendrissent, l'entraînent, le ravissent. Devant ce Dieu couvert de langes, son âme se sent à l'aise, et elle s'épanche en mille expressions gracieuses, pleines de tendresse et d'humilité : « Quoi donc, s'écrie-t-il tout confondu, tu oserais t'enorgueillir, cendre et poussière, en face d'un Dieu humilié ! Un Dieu qui a tout créé s'anéantit, et toi, qui n'es rien, tu t'enflerais ! Quelle aberration [2] ! »

Ni la prospérité croissante de sa maison, ni les nouvelles fondations de la Valroy et de Bonnefontaine, ni les témoignages de vénération dont il était entouré, ni les félicitations de tout l'Ordre cistercien que lui avait values la sagesse de son gouvernement, rien ne pouvait le distraire de ce sentiment intime de sa petitesse, ni lui ôter le désir de plus en plus vif de s'abaisser. Aussi, plus sa maison était florissante, plus il faisait profession de déta-

[1] *Serm.* IV, *De Epiphania.*
[2] *Sem. de Nativitate Domini.*

chement, plus il pratiquait la pauvreté, et plus il recommandait aux siens l'exercice de la charité envers les pauvres, en qui il vénérait Jésus-Christ lui-même.

Devant cette humilité si profonde, si sincère de notre Bienheureux, quelque imparfaite qu'en soit l'esquisse, que devrions-nous penser de nous-mêmes, Mes chers Frères, lâches chrétiens que nous sommes ? Les Saints, tout chargés de mérites, se confondent en présence de Dieu et des hommes ; ils tremblent à la pensée d'un juge qui ne peut être pour eux qu'un père plein de miséricorde. Et nous, nous qui avons peut-être les mains vides, qui sommes peut-être chargés de péchés, nous trouvons moyen de nous prévaloir, nous nous flattons que Dieu n'aura pas pour nous de rigueurs, et nous ne nous préoccupons pas de prévenir ses jugements par l'humilité de notre cœur ! Ah ! si du moins, vous dirai-je avec le bienheureux Guerric, nous avions dans nos péchés les sentiments d'humilité que les Saints ont eus dans leurs vertus !

III

Guerric avait donné à Dieu de précieux gages de la générosité de son cœur. Il l'avait cherché avec ardeur dans les spéculations de la science ; il l'avait suivi avec amour dans les abaissements de l'humilité ; il lui restait, pour s'en approcher de plus près encore, de ressembler à son Sauveur par sa patience dans les souffrances. Ce devait être le troisième degré de son ascension.

La souffrance! Mes chers Frères, tel est le cachet que Dieu imprime à toute âme d'élite dont il veut se servir pour sa gloire, telle est la pierre de touche qui lui sert à reconnaître ses prédestinés. Aussi, Guerric ne pouvait-il manquer à ce double titre d'être marqué du sceau divin.

Depuis la chute originelle, c'est une loi providentielle que l'homme ne peut ni se relever, ni remonter les pentes de l'abîme où il est tombé, ni se racheter, sinon par la souffrance. C'est par la jouissance qu'il a laissé ses sens l'emporter sur sa raison, qu'il a troublé toute l'économie de sa nature, et, en un mot, qu'il s'est perdu. Ce n'est que par la privation et la souffrance qu'il rétablira l'empire de l'esprit sur la chair, qu'il ramènera l'harmonie dans tout son être et qu'il se sauvera.

En vertu de la même loi, la souffrance est la condition nécessaire de toute fécondité. Sans elle, il ne se fait rien de grand. La sentence divine qui retentit au jour de la chute : *Désormais tu enfanteras dans la douleur* [1], est d'un effet universel, et rien n'y peut échapper. A quelque degré que vous envisagiez la vie dans l'échelle des êtres, vous ne la verrez se communiquer que par la souffrance et la destruction. Si vous conservez le grain de blé sain et entier il restera stérile; il deviendra fécond au contraire et se multipliera lorsque vous l'aurez enfoui dans le sillon, et qu'il s'y sera consumé. Et vous, qui jouissez en ce moment du bienfait de la vie, que de douleurs, que d'angoisses n'avez-vous pas coûtées à celle qui vous donna le jour? Si vous avez l'esprit orné de

---

[1] *In dolore paries filios.* (Genes., III, 16.)

quelques connaissances, au prix de quels efforts, de quels épuisements vos maîtres n'ont-ils pas allumé en vous ce flambeau du savoir? Or, ce qui est vrai de la vie naturelle et de la vie intellectuelle, l'est bien plus encore de la vie morale. Ceux-là seuls en pourraient témoigner, qui ont épuisé leurs forces et usé leur vie à diriger les âmes de leurs semblables dans la voie du devoir et de la vertu. Il est donc bien vrai, cet axiome de la philosophie : Que la vie d'un être est la mort d'un autre, *Vita unius, mors alterius*. Aussi, remarquez-le, plus Dieu destine un homme à faire de bien, plus il l'appelle d'abord à souffrir. Jésus-Christ lui-même a suivi cette voie, et ses Saints n'en ont pas connu d'autre. Il était donc bien naturel que le Sauveur perfectionnât son serviteur Guerric par la souffrance et achevât ainsi en lui sa propre image.

Du jour, en effet, où Guerric se donna tout entier au service de Jésus-Christ, sa vie ne fut plus qu'une longue suite de souffrances, soit dans son corps, soit dans son âme. Quand on songe que son siècle était le temps des grandes pénitences, et qu'on sait avec quelle générosité il entreprit de marcher sur les traces de saint Bernard, on ne s'étonne pas de le voir, à son exemple, déclarer à son corps une guerre implacable, mater sa chair et la réduire sous le joug de l'esprit, au moyen du jeûne, de la haire et de la discipline.

Avec son maître, il pensait que la pénitence devait présider à toute la vie d'un moine, même au choix de l'emplacement des monastères, et qu'il était bon de préférer aux sites riants les profondes et humides vallées, afin que le religieux, souvent malade ou affaibli, eût sans cesse devant les yeux l'idée de la mort et vécût dans une crainte salutaire [1]. Comme lui, il redoutait les périls d'une santé florissante, et il estimait qu'un religieux se portait assez bien pourvu qu'il fût en état de psalmodier et de chanter. Aussi, quelle guerre ne fit-il pas à la délicatesse des sens !

Avide de perfection, il endura toute sa vie au fond de son cœur cet autre genre de souffrances qu'entraîne avec soi le travail de la sanctification personnelle. Souffrances si intimes, MES CHERS FRÈRES, si profondes et si indescriptibles, que le vulgaire ne les peut même pas soupçonner. Guerric en savoura toute l'amertume. Il sut ce qu'il en coûte à la nature d'efforts et de combats pour tout quitter sur la terre, pour dompter la sensualité et l'orgueil, pour se renoncer sans cesse, pour porter sa croix sans défaillance et pour mourir à soi-même. Il connut par sa propre expérience comment Dieu, quand il veut purifier une âme, sait la crucifier de sa propre main, sans avoir besoin de la faire sortir d'elle-même.

Placé à la tête de cette vaste Abbaye, qui comptait alors plus de deux cents moines, il lui fallut porter pendant près de vingt ans, et dans une vieillesse déjà avancée, un fardeau d'un poids accablant, je veux dire le fardeau de la direction des hommes. « Seigneur, s'écrie avec effroi le Psalmiste, vous m'avez imposé les hommes comme un joug sur mes épaules ! *Imposuisti homines super capita nostra* [2] ! » Le fardeau des hommes ! Ah !

[1] S. BERNARDI, *Esprit.* 440, B. Fastredi.
[2] *Psalm.*, 65, 12.

Mes chers Frères, il est lourd ! d'autant plus lourd qu'il est plus incompris. Tandis que le commun du monde arrête ses yeux et sa pensée à l'éclat trompeur qui environne l'autorité, le supérieur, vraiment animé de l'esprit de Dieu, ignore cet éclat pour ne sentir que les épines ; à ses propres souffrances il ajoute les souffrances de tous ceux qu'il conduit, il épouse tous leurs intérêts, son cœur fait écho à toutes leurs peines, et il peut dire comme saint Paul : « Est-il parmi vous un malade sans que je souffre avec lui[1] ? » — « Notre fardeau à nous, disait un jour Guerric à un jeune abbé, est celui des âmes, et des âmes malades. Celles qui sont saines n'ont pas besoin qu'on les porte ; mais toutes celles que vous trouverez tristes, faibles, dolentes, sachez que c'est pour elles que vous êtes père et abbé[2]. » Ses contemporains ont fait l'éloge de la vertu de ses fils, et lui-même n'a pas manqué de leur rendre le plus touchant témoignage. Mais au prix de quelle sollicitude, de quelle charité, de quelle patience, de quelle mansuétude, de quelle abnégation, et par conséquent de quelles souffrances, il obtint d'aussi consolants résultats ? Dieu seul peut le savoir.

Enfin, Notre Seigneur se plut à faire de Guerric un autre Job, afin de mieux faire éclater sa vertu. Il permit donc aux maladies et aux infirmités de s'abattre sur son pauvre corps, et de le réduire à l'état le plus misérable. Durant de longues années, Guerric se vit couvert de

[1] II *Corinth.*, xi, 29.
[2] Manrique, *Annales cistere.*, 1157, 11, 6.

plaies, et n'ayant plus aucune partie saine de la tête aux pieds. Il se vit condamné à l'inaction, séparé de ses frères, relégué à l'infirmerie et incapable de remplir les devoirs de sa charge.

Malgré la longueur et l'intensité de ses souffrances, jamais il ne relâcha rien de son union parfaite avec Dieu. Trop instruit dans les voies de la Providence, convaincu que c'est dans le creuset de la douleur et sous le marteau de l'épreuve que Dieu prépare ses vases d'élection, il s'abandonnait entre ses mains, afin que s'accomplît en lui-même sa volonté toute sainte, et il s'attachait à posséder son âme dans une inaltérable patience. La vivacité de la douleur lui arrachait-elle un cri, une larme, il pleurait, mais comme Job, sous le regard de Dieu : *Ad Deum stillat oculus meus.* Oui, je pleure, ô mon Dieu, mais devant vous et pour vous ! je pleure, non pour me plaindre ni pour exciter la pitié des hommes, mais pour mériter votre miséricorde ! Un seul chagrin lui serrait le cœur, c'était de ne pouvoir plus vaquer au travail ni donner à ses frères le bon exemple par sa présence aux exercices religieux. Mais l'espérance de recevoir bientôt une couronne glorieuse le soutenait contre les défaillances et lui faisait goûter une paix profonde. Souvent même, loin de repousser la souffrance, il l'appelait de tous ses vœux pour hâter sa purification. « Si je brûlais des flammes de la charité, disait-il un jour à ses frères, on pourrait dire de moi : Beaucoup de péchés lui sont remis parce qu'il a beaucoup aimé. Puisque je ne suis pas digne d'être purifié par le feu de l'amour, que je le sois au moins par celui de la douleur, et que je voie se réaliser en moi le vœu du Prophète : Que la corruption envahisse mes os, qu'elle me consume au dedans, pour que je trouve le repos au jour des tribulations [1] ! »

Se sentant enfin vaincu par la souffrance et sur le point de paraître devant son juge, il voulut faire un dernier et rigoureux examen de sa vie. S'étant aperçu que le recueil de ses sermons, écrit par ses frères, l'avait été sans l'autorisation du Chapitre général, comme le prescrit la Règle, vite il assemble ses religieux autour de sa couche, confesse devant eux sa désobéissance, leur demande pardon avec larmes et fait jeter au feu ce livre accusateur [2]. Après cet admirable trait d'humilité, il s'endormit doucement dans le Seigneur, âgé de plus de quatre-vingts ans, et ses fils confièrent à la terre, au milieu des regrets et des larmes, sa dépouille mortelle [3].

Viendra un temps, chantait le poète romain, où le soc de la charrue retournant les plaines de Philippe, en fera jaillir les ossements des guerriers tombés pour la patrie, et ceux qui les verront seront saisis d'admiration devant la grandeur de ces restes [4]. Ah ! chantre merveilleux,

---

[1] *Ingrediatur putredo in ossibus meis et subter me scateat.* (Habacuc, III, 16.) — GUERRIC, *Serm. de Quadragesim.*

[2] Le livre fut brûlé, en effet ; mais, heureusement pour la postérité, il en existait déjà quatre copies qui échappèrent aux flammes.

[3] Guerric mourut le 19 août 1157.

[4]　　*Scilicet et tempus veniet quem finibus illis.*
　　Agricola incurvo terram molitus aratro...
　　. . . . .
　　Grandiaque effosis mirabitur ossa sepulcris.
　　　　　　　　(VIRGILE, *Georg.*, L. I, 493-497.)

quels n'eussent pas été tes accents, si, à côté des guerriers morts à Philippe dans des luttes fratricides, tu avais connu et contemplé les restes de nos Saints !

Les voici sous nos yeux, MES CHERS FRÈRES, ces restes vraiment grands ! Ces restes d'un corps qui fut le siège d'une âme magnanime, le trône de la divinité, le temple vivant de l'Esprit Saint, le tabernacle de Jésus-Christ, et qui n'attend plus que le son de la trompette angélique pour se lever tout resplendissant de lumière !

Le voici devant nous, ce sépulcre vraiment glorieux ! ce sépulcre vénéré depuis plus de sept siècles par la tribu sainte, respecté par les fureurs de l'impiété, ouvert par les mains consacrées des Pontifes, et ne livrant son précieux dépôt que pour être porté triomphalement sur leurs nobles épaules !

Les voici devant l'autel, ces ossements éloquents ! Ces ossements qui parlent et persuadent jusque dans la mort ! Écoutez-les, VÉNÉRÉS FRÈRES, et vous tous, dont le devoir est d'obéir ; ils vous prêchent l'humilité et la dépendance. Écoutez-les, vous dont la mission est de commander ; ils vous prêchent la bonté, la douceur et la modération dans le commandement. Écoutons-les tous, MES CHERS FRÈRES, qui que nous soyons ; ils nous prêchent et le mépris des choses humaines, et la patience dans les épreuves, et l'aspiration vers la patrie céleste, et surtout l'espérance d'une vie meilleure après les combats de la terre. Ainsi soit-il !

Sorti des Presses

de l'Imprimerie de l'Archevêché de Reims

(N. Monce, Dir.)

Reims, 23 Août 1890.

www.ingramcontent.com/pod-product-compliance
Lightning Source LLC
LaVergne TN
LVHW010444060726
842527LV00005B/1679